The Little Mermaid
Den lille havfrue

Hans Christian Andersen

Bilingual Fairy Tale in English and Danish
by Svetlana Bagdasaryan

Far out at sea the water is as blue as the petals of the most beautiful cornflower, and as clear as the purest crystal, but it is very deep—deeper than any cable can reach. Many church towers would have to be placed one on the top ot another to reach from the bottom to the surface of the sea. Down there live the mermen and the mermaids.

Now you must not think that there is only the bare, white sandy bottom down there. No, the most wonderful trees and plants grow there, the stalks and leaves of which are so pliable that the least movement of the water sets them in motion, just as if they were alive. All the fishes, big and small, glide in and out among the branches, just as the birds do up above in the air. In the deepest place of all lies the palace of the Sea King, the walls of which are of corals and the long, pointed windows of clearest amber, but the roof is made of mussel shells, which open and shut with the motion of the water. It is a lovely sight, for in each shell lie pearls, a single one of which would be a great gem in a queen's crown.

The Sea King had been a widower for many years, but his old mother kept house for him. She was a wise woman, but very proud of her noble rank, and therefore she used to wear twelve oysters on her tail, while other grand folks were allowed to wear only six.

In other respects she deserved great praise, especially because she was so very fond of the sea princesses, her granddaughters. They were six beautiful children, but the youngest was the most beautiful of them all. Her skin was as clear and as delicate as a rose-petal, and her eyes as blue as the deepest sea, but, like all the others, she had no feet. Her body ended in a fish's tail.

All day long they played in the large halls of the palace, where living flowers grew out of the walls. The large amber windows were opened, and the fishes then swam into them, just as the swallows fly in to us when we open the windows; but the fishes swam right up to the little princesses, ate from their hands, and let themselves be stroked.

Outside the palace was a large garden with fiery-red and dark-blue trees; the fruits beamed like gold and the flowers like burning flames, because they continually moved their stalks and leaves to and fro. The ground itself was of the finest sand, but as blue as sulphur flames. A strange blue light shone upon everything down there. It was easier to believe that one was high up in the air, with only the blue sky above and beneath one, than that one was at the bottom of the sea.

In calm weather one could see the sun, which looked like a purple flower from the cup of which all the light streamed forth.

Langt ude i havet er vandet så blåt, som bladene på den dejligste kornblomst og så klart, som det reneste glas, men det er meget dybt, dybere end noget ankertov når, mange kirketårne måtte stilles oven på hinanden, for at række fra bunden op over vandet. Dernede bor havfolkene.

Nu må man slet ikke tro, at der kun er den nøgne hvide sandbund; nej, der vokser de forunderligste træer og planter, som er så smidige i stilk og blade, at de ved den mindste bevægelse af vandet rører sig, ligesom om de var levende. Alle fiskene, små og store, smutter imellem grenene, ligesom heroppe fuglene i luften. På det allerdybeste sted ligger havkongens slot, murene er af koraller og de lange spidse vinduer af det allerklareste rav, men taget er muslingeskaller, der åbner og lukker sig, eftersom vandet går; det ser dejligt ud; thi i hver ligger strålende perler, én eneste ville være stor stads i en dronnings krone.

Havkongen dernede havde i mange år været enkemand, men hans gamle moder holdt hus for ham, hun var en klog kone, men stolt af sin adel, derfor gik hun med tolv østers på halen, de andre fornemme måtte kun bære seks.

Ellers fortjente hun megen ros, især fordi hun holdt så meget af de små havprinsesser, hendes sønnedøtre. De var 6 dejlige børn, men den yngste var den smukkeste af dem alle sammen, hendes hud var så klar og skær som et rosenblad, hendes øjne så blå, som den dybeste sø, men ligesom alle de andre havde hun ingen fødder, kroppen endte i en fiskehale.

Hele den lange dag kunne de lege nede i slottet, i de store sale, hvor levende blomster voksede ud af væggene. De store ravvinduer blev lukket op, og så svømmede fiskene ind til dem, ligesom hos os svalerne flyver ind, når vi lukker op, men fiskene svømmede lige hen til de små prinsesser, spiste af deres hånd og lod sig klappe.

Uden for slottet var en stor have med ildrøde og mørkeblå træer, frugterne strålede som guld, og blomsterne som en brændende ild, i det de altid bevægede stilk og blade. Jorden selv var det fineste sand, men blåt, som svovllue. Over det hele dernede lå et forunderligt blåt skær, man skulle snarere tro, at man stod højt oppe i luften og kun så himmel over og under sig, end at man var på havets bund.

I blikstille kunne man øjne solen, den syntes en purpurblomst, fra hvis bæger det hele lys udstrømmede.

Each of the young princesses had her own little plot in the garden, where she might dig and plant as she pleased. One gave her flower-bed the shape of a whale, another preferred hers to resemble a little mermaid; but the youngest made hers quite round like the sun, and grew only flowers that gleamed red like the sun itself.

She was a strange child, quiet and thoughtful; and when her other sisters decked themselves out with the most wonderful things which they obtained from wrecked ships, she cared only for her flowers, which were like the sun up yonder, and for a beautiful marble statue, a beautiful boy hewed out of pure white stone, which had sunk to the bottom of the sea from a wreck. She planted close by the statue a rose-colored weeping willow, which grew luxuriantly, and hung its fresh branches right over it down to the blue, sandy ground. Its shadow was violet and moved to and fro like its branches. It looked as if the top and the roots played at kissing one another.

Nothing gave her greater joy than to hear about the world above and its people.

* * *

Hver af de små prinsesser havde sin lille plet i haven, hvor hun kunne grave og plante, som hun selv ville; én gav sin blomsterplet skikkelse af en hvalfisk, en anden syntes bedre om, at hendes lignede en lille havfrue, men den yngste gjorde sin ganske rund ligesom solen, og havde kun blomster, der skinnede røde som den. Hun var et underligt barn, stille og eftertænksom, og når de andre søstre pyntede op med de forunderligste ting de havde fået fra strandede skibe, ville hun kun, foruden de rosenrøde blomster, som lignede solen der højt oppe, have en smuk marmorstøtte, en dejlig dreng var det, hugget ud af den hvide, klare sten og ved stranding kommet ned på havbunden. Hun plantede ved støtten en rosenrød grædepil, den voksede herligt, og hang med sine friske grene ud over den, ned mod den blå sandbund, hvor skyggen viste sig violet og var i bevægelse, ligesom grenene; det så ud, som om top og rødder legede at kysse hinanden.

Ingen glæde var hende større, end at høre om menneskeverdenen der ovenfor.

Her old grandmother had to tell her all she knew about ships and towns, about human beings and animals. What seemed to her particularly strange and beautiful was that up on the earth the flowers gave out a fragrance which they did not do at the bottom of the sea, and that the woods were green, and the fish, which were to be seen there among the branches, could sing so loudly and beautifully that it did one's heart good to hear them. It was the little birds that her grandmother used to call fishes, for otherwise the mermaids would not have understood her, as they had never seen a bird.

"When you are fifteen years old," said her grandmother, "you will be allowed to rise to the surface of the sea and sit on the rocks in the moonlight and look at the big ships which sail past; and forests and towns you shall also see."

The following year one of the sisters would be fifteen, but the others—well, each of them was a year younger than the other, so the youngest would have to wait five long years before she could venture up from the bottom of the sea and have a look at the world above. But they promisedto tell one another what they had seen on the first day and found to be most beautiful; for their grandmother had not told them enough, there was so much they wanted to know more about.

No one longed more that her time should come than the youngest, who had the longest time to wait, and who was so quiet and thoughtful. Many a night did she stand at the open window, looking up through the dark-blue water, where the fishes were beating about with their tails and fins. She could see the moon and the stars shining, although somewhat indistinctly, but through the water they appeared much larger than to our eves.

If something like a black cloud passed between her and the moon, she knew it was either a whale swimming above her, or a ship sailing past with many people on board; they could have no idea that a lovely little mermaid was standing below them, stretching her white hands up toward the keel of their ship.

The eldest princess was now fifteen years of age, and might venture up to the surface of the water. When she came back, she had hundreds of things to tell; but the loveliest of all, she said, was to lie in the moonlight on a sand-bank when the sea was calm, and see the big city close to the coast, where the lights were twinkling like hundreds of stars, to hear the music and the noise and rattle of the carriages and people, to see the many church towers and steeples, and hear the bells ringing. Just because she could not get there, she longed most of all for this.

Den gamle bedstemoder måtte fortælle alt det hun vidste om skibe og byer, mennesker og dyr, især syntes det hende forunderligt dejligt, at oppe på jorden duftede blomsterne, det gjorde ikke de på havets bund, og at skovene var grønne og de fisk, som der sås mellem grenene, kunne synge så højt og dejligt, så det var en lyst; det var de små fugle, som bedstemoderen kaldte fisk, for ellers kunne de ikke forstå hende, da de ikke havde set en fugl.

"Når I fylder eders 15 år," sagde bedstemoderen, "så skal I få lov til at dykke op af havet, sidde i måneskin på klipperne og se de store skibe, som sejler forbi, skove og byer skal I se!" I året, som kom, var den ene af søstrene 15 år, men de andre, ja den ene var et år yngre end den anden, den yngste af dem havde altså endnu hele fem år før hun turde komme op fra havets bund og se, hvorledes det så ud hos os. Men den ene lovede den anden at fortælle, hvad hun havde set og fundet dejligst den første dag; thi deres bedstemoder fortalte dem ikke nok, der var så meget de måtte have besked om.

Ingen var så længselsfuld, som den yngste, just hun, som havde længst tid at vente og som var så stille og tankefuld. Mangen nat stod hun ved det åbne vindue og så op igennem det mørkeblå vand, hvor fiskene slog med deres finner og hale. Måne og stjerner kunne hun se, rigtignok skinnede de ganske blege, men gennem vandet så de meget større ud end for vore øjne; gled der da ligesom en sort sky hen under dem, da vidste hun, at det enten var en hvalfisk, som svømmede over hende, eller også et skib med mange mennesker; de tænkte vist ikke på, at en dejlig lille havfrue stod nedenfor og rakte sine hvide hænder op imod kølen.

Nu var da den ældste prinsesse 15 år og turde stige op over havfladen.

Da hun kom tilbage, havde hun hundrede ting at fortælle, men det dejligste, sagde hun, var at ligge i måneskin på en sandbanke i den rolige sø, og se tæt ved kysten den store stad, hvor lysene blinkede, ligesom hundrede stjerner, høre musikken og den larm og støj af vogne og mennesker, se de mange kirketårne og spir, og høre hvor klokkerne ringede; just fordi hun ikke kunne komme derop, længtes hun allermest efter alt dette.

Oh, how the youngest sister listened to every word! And when, later on in the evening, she stood by the open window and looked up through the dark-blue water, she thought of the large city with all its noise and bustle, and then she thought she could hear the church bells ringing down where she was.

The year after the second sister was allowed to go to the surface and to swim about where she pleased. She emerged above the water just as the sun was setting, and this sight she found to be the loveliest of all.

The whole of the heavens looked like gold, she said; and the clouds—well—she could not sufficiently describe their glory! Red and purple, they had sailed past above her head, but much more rapidly than the clouds flew a flock of wild swans, like a long white veil, over the water toward where the sun stood; she swam toward it, but it sank below the horizon, and the rosy hue on the water and the clouds vanished.

The year after the third sister came up to the surface; she was the boldest of them all, and swam up a broad river which ran into the sea. She saw beautiful green hills, covered with vines; palaces and houses peeped out between the mighty trees of the forests, and she heard how all the birds were singing. The sun shone so warm that she often had to dive under the water to cool her burning face. In a little bay she came across a whole flock of children, who ran and splashed about, quite naked, in the water; she wanted to play with them, but they ran away in great fright, when a little black animal—it was a dog, but she had never seen one before—began barking so terribly at her that she became frightened and made her way back to the open seas. But she could never forget the mighty forests, the green hills, and the beautiful children who could swim about in the water, although they had no fish's tail.

The fourth sister was not so daring; she remained far out at sea among the wild waves; and there, she said, was certainly the loveliest place one could see for many miles around, and above rose the heavens liks a big glass bell. She had seen ships, but they were far away and looked like sea-gulls; the lively dolphins had made somersaults, and the great whales had spouted water from their nostrils till it seemed as if there were a hundred fountains all around.

Now came the fifth sister's turn; her birthday was in the winter, and therefore she saw what the others had not seen the first time.

The sea looked quite green, and great icebergs were floating about, each looking like a pearl, she said, and yet they were much larger than the church towers built by men.

Oh! hvor hørte ikke den yngste søster efter, og når hun siden om aftnen stod ved det åbne vindue og så op igennem det mørkeblå vand, tænkte hun på den store stad med al den larm og støj, og da syntes hun at kunne høre kirkeklokkerne ringe ned til sig.

Året efter fik den anden søster lov til at stige op gennem vandet og svømme hvorhen hun ville. Hun dykkede op, just i det solen gik ned, og det syn fandt hun var det dejligste. Hele himlen havde set ud som guld, sagde hun, og skyerne, ja, deres dejlighed kunne hun ikke nok beskrive! røde og violette havde de sejlet hen over hende, men langt hurtigere, end de, fløj, som et langt hvidt slør, en flok af vilde svaner hen over vandet hvor solen stod; hun svømmede hen imod den, men den sank og rosenskæret slukkedes på havfladen og skyerne.

Året efter kom den tredje søster derop, hun var den dristigste af dem alle, derfor svømmede hun op ad en bred flod, der løb ud i havet. Dejlige grønne høje med vinranker så hun, slotte og gårde tittede frem mellem prægtige skove; hun hørte, hvor alle fuglene sang og solen skinnede så varmt, at hun tit måtte dykke under vandet, for at køle sit brændende ansigt. I en lille bugt traf hun en hel flok små menneskebørn; ganske nøgne løb de og plaskede i vandet, hun ville lege med dem, men de løb forskrækkede deres vej, og der kom et lille sort dyr, det var en hund, men hun havde aldrig før set en hund, den gøede så forskrækkeligt af hende, at hun blev angst og søgte ud i den åbne sø, men aldrig kunne hun glemme de prægtige skove, de grønne høje og de nydelige børn, som kunne svømme på vandet, skønt de ingen fiskehale havde.

Den fjerde søster var ikke så dristig, hun blev midt ude på det vilde hav, og fortalte, at der var just det dejligste; man så mange mile bort rundt omkring sig, og himlen ovenover stod ligesom en stor glasklokke. Skibe havde hun set, men langt borte, de så ud som strandmåger, de morsomme delfiner havde slået kolbøtter, og de store hvalfisk havde sprøjtet vand op af deres næsebor, så at det havde set ud, som hundrede vandspring rundt om.

Nu kom turen til den femte søster; hendes fødselsdag var just om vinteren og derfor så hun, hvad de andre ikke havde set første gang.

Søen tog sig ganske grøn ud og rundt om svømmede der store isbjerge, hvert så ud som en perle, sagde hun, og var dog langt større end de kirketårne, menneskene byggede.

They were of the most wonderful shapes, and glittered like diamonds. She had settled herself on one of the largest of them, and all the ships with their terror-stricken crews eluded the place where she sat, and let the wind play with her long hair. But toward evening the sky became overcast with clouds; it thundered and lightened, and the dark waves lifted the big ice blocks high up, while they shone brightly at every flash of lightning. All the ships' sails were reefed, the minds of those on board were filled with fear and anxiety; but she sat quietly on her floating iceberg, and saw the blue flashes of forked lightning strike down into the glittering sea.

When the sisters came to the surface of the water the first time, they were always delighted with all the new and beautiful sights they saw; but now, when they, as grown-up girls, were allowed to go up when they liked, they became indifferent and longed to be home again, and after a month had passed they said it was best, after all, down at their place, and, besides, it was much more pleasant at home.

Many an evening the five sisters would take one another by the arm and ascend together to the surface. They had beautiful voices—more beautiful than any human being; and when a storm was gathering, and they expected ships would be wrecked, they swam in front of the ships, and sang so sweetly of the delights to be found at the bottom of the sea, and told the sailors not to be afraid of coming down there. But the sailors could not understand their language: they believed it was the storm. Nor did they ever see the splendors down there; for when the ships went down the men were drowned, and reached the palace of the Sea King only as corpses.

When, in the evenings, the sisters thus rose, arm in arm, high up through the water, the little sister would stand all alone looking after them, feeling as if she could cry; but a mermaid has no tears, and therefore she suffered all the more.

"Oh, if I were only fifteen! she said. "I know I shall love the world up above, and all the people who live and dwell there."

At last she was fifteen years old.

"Well, now you are off our hands," said her grandmother, the old queen-dowager. "Come here, let me deck you like your other sisters." And she put a wreath of white lilies in her hair; every leaf in the flowers was half a pearl. The old lady ordered eight large oysters to hang on to the princess's tail, to show her high rank.

"But it hurts so!" said the little mermaid.

"Well, one has to suffer for appearances," said the old lady.

Oh, how gladly would she not have shaken off all this finery and put aside the heavy wreath! The red flowers in her garden would have suited her much better, but she dared not make any change now.

I de forunderligste skikkelser viste de sig og glimrede som diamanter. Hun havde sat sig på et af de største og alle sejlere krydsede forskrækkede uden om, hvor hun sad og lod blæsten flyve med sit lange hår; men ud på aftnen blev himlen overtrukket med skyer, det lynede og tordnede, medens den sorte sø løftede de store isblokke højt op og lod dem skinne ved de røde lyn. På alle skibe tog man sejlene ind, der var en angst og gru, men hun sad rolig på sit svømmende isbjerg og så den blå lynstråle slå i siksak ned i den skinnende sø.

Den første gang en af søstrene kom over vandet, var enhver altid henrykt over det nye og smukke hun så, men da de nu, som voksne piger, havde lov at stige derop når de ville, blev det dem ligegyldigt, de længtes igen efter hjemmet, og efter en måneds forløb sagde de, at nede hos dem var dog allersmukkest, og der var man så rart hjemme.

Mangen aftenstund tog de fem søstre hinanden i armene og steg i række op over vandet; dejlige stemmer havde de, smukkere, end noget menneske, og når det da trak op til en storm, så de kunne tro, at skibe måtte forlise, svømmede de foran skibene og sang så dejligt, om hvor smukt der var på havets bund, og bad søfolkene, ikke være bange for at komme derned; men disse kunne ikke forstå ordene, de troede, at det var stormen, og de fik heller ikke dejligheden dernede at se, thi når skibet sank, druknede menneskene, og kom kun som døde til havkongens slot.

Når søstrene således om aftnen, arm i arm, steg højt op gennem havet, da stod den lille søster ganske alene tilbage og så efter dem, og det var som om hun skulle græde, men havfruen har ingen tårer, og så lider hun meget mere.

"Ak, var jeg dog 15 år!" sagde hun, "jeg ved, at jeg ret vil komme til at holde af den verden der ovenfor og af menneskene, som bygger og bor deroppe!"

Endelig var hun da de 15 år.

"Se nu har vi dig fra hånden," sagde hendes bedstemoder, den gamle enkedronning. "Kom nu, lad mig pynte dig, ligesom dine andre søstre!" og hun satte hende en krans af hvide liljer på håret, men hvert blad i blomsten var det halve af en perle; og den gamle lod 8 store østers klemme sig fast ved prinsessens hale, for at vise hendes høje stand.

"Det gør så ondt!" sagde den lille havfrue.

"Ja man må lide noget for stadsen!" sagde den gamle.

Oh! hun ville så gerne have rystet hele denne pragt af sig og lagt den tunge krans; hendes røde blomster i haven klædte hende meget bedre, men hun turde nu ikke gøre det om.

"Farewell!" she said, and rose through the water as light and bright as a bubble.

The sun had just set as she lifted her head above the sea, but all the clouds still gleamed like roses and gold, and in the middle of the pale-red sky the evening star shone bright and beautiful. The air was mild and fresh, and the sea calm.

A large ship with three masts was lying close to her, with only one sail set. Not a breath of wind stirred, and the sailors were lying idly about among the rigging and across the yards. There was music and song aboard, and as the evening became darker hundreds of gaily colored lanterns were lighted. It looked as if the flags of all nations were waving in the air. The little mermaid swam right up to the cabin window, and every time the waves lifted her up she could look in through the polished panes and see many finely dressed people standing in the cabin. But the handsomest of all was the young prince with the large black eyes. He could not be more than sixteen years old. It was his birthday which was being celebrated with all these festivities.

The sailors were dancing on deck, and when the young prince stepped out a hundred rockets shot up into the air, making everything look as bright as by daylight, so that the little mermaid became quite frightened and dived under the water. But she soon put her head above the water again, and it then seemed to her as if all the stars of heaven were falling down upon her. Such showers of fire she had never seen before.Large suns whizzed round and round, and gorgeous fiery fishes flew about in the blue air, while everything was reflected in the calm, smooth sea. The ship was so brilliantly lighted up that even the smallest ropes could be seen distinctly, and the people on board still more so. How handsome the young prince was! He pressed the hands of the men and laughed and smiled, while the music rang out in the beautiful night.

It was late, but the little mermaid could not turn her eyes away from the ship and the handsome prince. The brightly colored lanterns were being extinguished, the rockets did not rise any more into the air, nor were any more cannons fired; but below in the sea a rumbling and buzzing sound was heard. The little mermaid sat rocking up and down on the waves so that she could look into the cabin. But the ship was beginning to make greater headway; one sail after another was unfurled, and the billows now rose higher and higher; large clouds were gathering, and far away flashes of lightning were seen. Oh, what terrible weather was coming on!

The sailors had now to take in the sails; the big ship rushed at full speed through the wild seas; the waves rose like big black rocks, as if they would throw over the masts; but the ship dived just like a swan between them, only to be lifted up again on the top of the towering billows.

"Farvel" sagde hun og steg så let og klar, som en boble, op gennem vandet.

Solen var lige gået ned, idet hun løftede sit hoved op over havet, men alle skyerne skinnede endnu som roser og guld, og midt i den blegrøde luft strålede aftenstjernen så klart og dejligt, luften var mild og frisk og havet blikstille.

Der lå et stort skib med tre master, et eneste sejl var kun oppe, thi ikke en vind rørte sig og rundt om i tovværket og på stængerne sad matroser. Der var musik og sang, og alt som aftnen blev mørkere, tændtes hundrede brogede lygter; de så ud, som om alle nationers flag vajede i luften. Den lille havfrue svømmede lige hen til kahytsvinduet, og hver gang vandet løftede hende i vejret, kunne hun se ind af de spejlklare ruder, hvor så mange pyntede mennesker stod, men den smukkeste var dog den unge prins med de store sorte øjne, han var vist ikke meget over 16 år, det var hans fødselsdag, og derfor skete al denne stads.

Matroserne dansede på dækket, og da den unge prins trådte derud, steg over hundrede raketter op i luften, de lyste, som den klare dag, så den lille havfrue blev ganske forskrækket og dukkede ned under vandet, men hun stak snart hovedet igen op, og da var det ligesom om alle himlens stjerner faldt ned til hende. Aldrig havde hun set sådanne ildkunster. Store sole snurrede rundt, prægtige ildfisk svingede sig i den blå luft, og alting skinnede tilbage fra den klare, stille sø. På skibet selv var så lyst, at man kunne se hvert lille tov, sagtens menneskene. Oh hvor dog den unge prins var smuk, og han trykkede folkene i hånden, lo og smilede, mens musikken klang i den dejlige nat.

Det blev silde, men den lille havfrue kunne ikke vende sine øjne bort fra skibet og fra den dejlige prins. De brogede lygter blev slukket, Raketterne steg ikke mere i vejret, der lød heller ingen flere kanonskud, men dybt nede i havet summede og brummede det, hun sad i medens på vandet og gyngede op og ned, så at hun kunne se ind i kahytten; men skibet tog stærkere fart, det ene sejl bredte sig ud efter det andet, nu gik bølgerne stærkere, store skyer trak op, det lynede langt borte. Oh, det ville blive et skrækkeligt vejr! derfor tog matroserne sejlene ind.

Det store skib gyngede i flyvende fart på den vilde sø, vandet rejste sig, ligesom store sorte bjerge, der ville vælte over masten, men skibet dykkede, som en svane, ned imellem de høje bølger og lod sig igen løfte op på de tårnende vande.

The little mermaid thought this was tine sport, but the sailors were of a different opinion. The ship creaked and groaned, the massive planks gave way to the violent shocks of the seas against the ship, the masts snapped in two just like reeds, and the ship rolled to and fro, while the seas penetrated into the hold. The little mermaid now understood that the ship was in danger, and she herself had to beware of the beams and fragments of the ship that were drifting about in the water.

At one moment it was so pitch-dark that she could not see a single object; but the next, when it lightened, she could see so clearly again that she recognized all the people on the ship. All were looking out for themselves as best they could. She looked anxiously for the young prince, and she saw him just as the ship was going down, sinking into the deep sea. She was at first greatly pleased, for now he would come down to her; but then she remembered that human beings cannot live in the water, and that it would only be his dead body that could come down to her father's palace. No, he must not die; and she therefore swam about among the beams and planks that were drifting about in the water, quite forgetting that they might have crushed her to death. She dived down deep under the water, and rose again high up among the waves.

* * *

Det syntes den lille havfrue just var en morsom fart, men det syntes søfolkene ikke, skibet knagede og bragede, de tykke planker bugnede ved de stærke stød, søen gjorde ind mod skibet, Masten knækkede midt over, ligesom den var et rør, og skibet slingrede på siden, mens vandet trængte ind i rummet. Nu så den lille havfrue, at de var i fare, hun måtte selv tage sig i agt for bjælker og stumper af skibet, der drev på vandet.

Ét øjeblik var det så kullende mørkt, at hun ikke kunne øjne det mindste, men når det så lynede, blev det igen så klart, at hun kendte dem alle på skibet; hver tumlede sig det bedste han kunne; den unge prins søgte hun især efter, og hun så ham, da skibet skiltes ad, synke ned i den dybe sø. Lige straks blev hun ganske fornøjet, for nu kom han ned til hende, men så huskede hun, at menneskene ikke kan leve i vandet, og at han ikke, uden som død, kunne komme ned til hendes faders slot. Nej dø, det måtte han ikke; derfor svømmede hun hen mellem bjælker og planker, der drev på søen, glemte rent, at de kunne have knust hende, hun dykkede dybt under vandet og steg igen højt op imellem bølgerne.

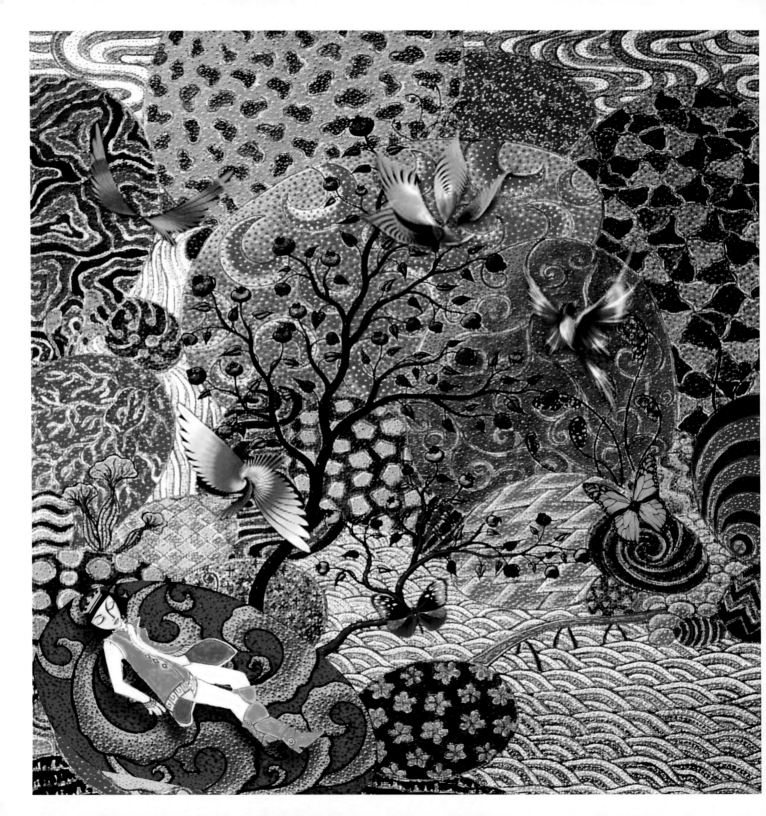

She came at last to the young prince, who could hardly swim any longer in the stormy sea. His arms and legs began to fail him, his beautiful eyes closed, and he would have met his death had not the little mermaid come to his assistance. She kept his head above water, and let the waves drift with her and the prince whither they liked.

In the early morning the bad weather was over, and not a splinter was to be seen of the ship. The sun rose red and shining out of the water, and it seemed to bring back life to the prince's cheeks; but his eyes remained closed. The mermaid kissed his high, fair forehead, and stroked back his wet hair. She thought he was like the marble statue down in her garden. She kissed him and wished that he might live.

She now saw in front of her the mainland, with lofty blue mountains,, on the top of which the white snow looked as bright as if large flocks of swans had settled there. Down by the shore were beautiful green forests, in front of which lay a church or a convent, she did not know which, only that it was a building.

* * *

Og kom så til sidst hen til den unge prins, som næsten ikke kunne svømme længere i den stormende sø, hans arme og ben begyndte at blive matte, de smukke øjne lukkede sig, han havde måttet dø, var ikke den lille havfrue kommet til. Hun holdt hans hoved op over vandet, og lod så bølgerne drive hende med ham, hvorhen de ville.

I morgenstunden var det onde vejr forbi; af skibet var ikke en spån at se, solen steg så rød og skinnende op af vandet, det var ligesom om prinsens kinder fik liv derved, men øjnene forblev lukkede; havfruen kyssede hans høje smukke pande og strøg hans våde hår tilbage; hun syntes, han lignede marmorstøtten nede i hendes lille have, hun kyssede ham igen, og ønskede, at han dog måtte leve.

Nu så hun foran sig det faste land, høje blå bjerge, på hvis top den hvide sne skinnede, som var det svaner, der lå; nede ved kysten var dejlige grønne skove, og foran lå en kirke eller et kloster, det vidste hun ikke ret, men en bygning var det.

Lemon- and orange-trees grew in the garden, and before the gate stood lofty palm-trees. The sea formed here a little bay, where the water was quite smooth and calm, but of great depth right up to the rocky shore where the fine white sand had been washed up.

Thither the little mermaid swam with the handsome prince, and placed him on the sand, taking great care that his head should lie raised in the sunshine.

The bells in the large white building now began ringing, and a number of young girls came out into the garden. The little mermaid then swam some distance farther out to a place behind some high rocks which rose out of the water, and covered her head and her shoulders with sea foam, so that no one could see her little face; and from here she watched to see who would discover the poor prince.

She had not long to wait before a young girl came to the place. She seemed quite frightened, but only for a moment; then she fetched some people, and the mermaid saw how the prince came back to life, and that he smiled to all around him; but he did not send a smile in her direction, for how could he know that she had saved him? She became very sad, and when he was brought into the great building she dived under the water and returned to her father's palace, greatly distressed in mind.

She had always been quiet and thoughtful, but now she became more so than ever. Her sisters asked her what she had seen on her first visit up above, but she would not tell them anything.

Many an evening and morning she visited the place where she had left the prince. She saw how the fruits in the garden ripened and were plucked, she saw how the snow melted on the lofty mountains; but the prince she did not see, and therefore she always returned home still more sorrowful than before. Her only comfort was to sit in her little garden and throw her arms round the beautiful marble statue which resembled the prince. She neglected her flowers, which soon grew, as if in a wilderness, over the paths, and twined their long stalks and leaves around the branches of the trees till the place became quite dark.

At last she could endure it no longer, and told her story to one of her sisters, and then all the other sisters got to know it; but no one else knew anything except themselves and a couple of other mermaids, who did not speak about it to anyone except to their nearest and dearest friends. One of these knew who the prince was. She had also seen the festivities on board the ship, and knew where he came from, and where his kingdom lay.

"Come along with us, little sister," said the other princesses, and with their arms around each other's shoulders they ascended to the surface in front of the place where the prince's palace lay.

Citron- og appelsintræer voksede der i haven, og foran porten stod høje palmetræer. Søen gjorde her en lille bugt, der var blikstille, men meget dybt, lige hen til klippen, hvor det hvide fine sand var skyllet op, her svømmede hun hen med den smukke prins, lagde ham i sandet, men sørgede især for, at hovedet lå højt i det varme solskin.

Nu ringede klokkerne i den store hvide bygning, og der kom mange unge piger gennem haven. Da svømmede den lille havfrue længere ud bag nogle høje stene, som ragede op af vandet, lagde søskum på sit hår og sit bryst, så at ingen kunne se hendes lille ansigt, og da passede hun på, hvem der kom til den stakkels prins.

Det varede ikke længe, før en ung pige kom derhen, hun syntes at blive ganske forskrækket, men kun et øjeblik, så hentede hun flere mennesker, og havfruen så, at prinsen fik liv, og at han smilede til dem alle rundt omkring, men ud til hende smilede han ikke, han vidste jo ikke heller, at hun havde reddet ham, hun følte sig så bedrøvet, og da han blev ført ind i den store bygning, dykkede hun sorrigfuld ned i vandet og søgte hjem til sin faders slot.

Altid havde hun været stille og tankefuld, men nu blev hun det meget mere. Søstrene spurgte hende, hvad hun havde set den første gang deroppe, men hun fortalte ikke noget.

Mangen aften og morgen steg hun op der, hvor hun havde forladt prinsen. Hun så, hvor havens frugter modnedes og blev afplukket, hun så, hvor sneen smeltede på de høje bjerge, men prinsen så hun ikke, og derfor vendte hun altid endnu mere bedrøvet hjem. Der var det hendes eneste trøst, at sidde i sin lille have og slynge sine arme om den smukke marmorstøtte, som lignede prinsen, men sine blomster passede hun ikke, de voksede, som i et vildnis, ud over gangene og flettede deres lange stilke og blade ind i træernes grene, så der var ganske dunkelt.

Til sidst kunne hun ikke længere holde det ud, men sagde det til en af sine søstre, og så fik straks alle de andre det at vide, men heller ingen flere, end de og et par andre havfruer, som ikke sagde det uden til deres nærmeste veninder. En af dem vidste besked, hvem prinsen var, hun havde også set stadsen på skibet, vidste, hvorfra han var, og hvor hans kongerige lå.

"Kom lille søster!" sagde de andre prinsesser, og med armene om hinandens skuldre steg de i en lang række op af havet foran, hvor de vidste prinsens slot lå.

It was built of a kind of light-yellow shining stone, with large flights of marble stairs, one of which went right down to the sea. Magnificent gilt cupolas rose above the roof, and between the columns which surrounded the whole building stood marble statues which looked as if they were alive.

Through the clear glass in the lofty windows one could see into the most magnificent halls, with costly silk curtains and tapestries. On the walls hung large paintings, which it was a pleasure to look at. In the middle of the largest hall a big fountain was playing, its jets reaching right up into the glass cupola of the ceiling, through which the sun shone on the water, and on the beautiful plants which grew in the large basin.

Now she knew where he lived, and many an evening and night did she come there. She swam much nearer the shore than any of the others had dared to do; she even went right up the narrow canal under the splendid marble balcony which threw a long shadow out over the water. Here she would sit and look at the young prince, who believed he was all alone in the bright moonlight.

* * *

Dette var opført af en lysegul glinsende stenart, med store marmortrapper, én gik lige ned i havet. Prægtige forgyldte kupler hævede sig over taget, og mellem søjlerne, som gik rundt om hele bygningen, stod marmorbilleder, der så ud, som levende. Gennem det klare glas i de høje vinduer så man ind i de prægtigste sale, hvor kostelige silkegardiner og tæpper var ophængte, og alle væggene pyntede med store malerier, som det ret var en fornøjelse at se på. Midt i den største sal plaskede et stort springvand, strålerne stod højt op mod glaskuplen i loftet, hvorigennem solen skinnede på vandet og på de dejlige planter, der voksede i det store bassin.

Nu vidste hun, hvor han boede, og der kom hun mangen aften og nat på vandet; hun svømmede meget nærmere land, end nogen af de andre havde vovet, ja hun gik helt op i den smalle kanal, under den prægtige marmoraltan, der kastede en lang skygge hen over vandet. Her sad hun og så på den unge prins, der troede, han var ganske ene i det klare måneskin.

Many an evening she saw him sailing in his magnificent boat, with music and waving flags on board, while she peeped out from among the green rushes; and if the wind caught hold of her long silver-white veil, anyone who saw it thought it was a swan which was spreading out its wings.

Many a night she heard the many good things the fishermen said about the young prince, and she rejoiced to think she had saved his life; but he knew nothing at all about this, and could not even dream of her.

More and more she came to love human beings; more and more she wished to be able to be among them. Their world, she thought, was far larger than hers. They could fly across the seas in their ships, and they could climb the lofty mountains, high above the clouds; and the countries they possessed, with forests and fields, stretched farther than her eyes could reach. There was so much she wanted to know, but her sisters could not answer everything; so she asked the old grandmother, who knew the upper world well, as she rightly called the countries above the sea.

"If human beings are not drowned," asked the little mermaid, "can they go on living for-ever? Do they not die as we die down here in the sea?"

"Yes," said the old lady, "they must also die, and their term of life is even shorter than ours. We can live to be three hundred years old; but when we then cease to exist we only become foam on the water, and have not even a grave down here among our dear ones. We have not an immortal soul; we shall never live again. We are like the green rushes: when once cut down we can never live again. Human beings, however, have a soul which lives forever—which lives after the body has become dust: it rises up through the clear air, up to all the shining stars. Just as we rise up out of the sea and see the countries of the world, so do they ascend to unknown beautiful places which we shall never see."

"Why did we not receive an immortal soul?" asked the little mermaid in a sad tone. "I would give all the hundreds of years I have to live to be a human being only for a day, and afterward share the joys of the upper world!"

"You must not go on thinking of that," said the old lady; "we are much happier and better off than the human beings up there."

"So I must die and float as foam upon the sea! I shall not hear the music of the billows, or see the beautiful flowers and the red sun! Can I, then, do nothing at all to win an immortal soul!"

Hun så ham mangen aften sejle med musik i sin prægtige båd, hvor flagene vajede; hun tittede frem mellem de grønne siv, og tog vinden i hendes lange sølvhvide slør og nogen så det, tænkte de, det var en svane, som løftede vingerne.

Hun hørte mangen nat, når fiskerne lå med blus på søen, at de fortalte så meget godt om den unge prins, og det glædede hende, at hun havde frelst hans liv, da han halvdød drev om på bølgerne, og hun tænkte på, hvor fast hans hoved havde hvilet på hendes bryst, og hvor inderligt hun da kyssede ham; han vidste slet intet derom, kunne ikke engang drømme om hende.

Mere og mere kom hun til at holde af menneskene, mere og mere ønskede hun at kunne stige op imellem dem; deres verden syntes hun var langt større, end hendes; de kunne jo på skibe flyve hen over havet, stige på de høje bjerge højt over skyerne, og landene, de ejede, strakte sig, med skove og marker, længere, end hun kunne øjne. Der var så meget hun gad vide, men søstrene vidste ikke at give svar på alt, derfor spurgte hun den gamle bedstemoder og hun kendte godt til den højere verden, som hun meget rigtigt kaldte landene oven for havet.

"Når menneskene ikke drukner," spurgte den lille havfrue, "kan de da altid leve, dør de ikke, som vi hernede på havet?"

"Jo!" sagde den gamle, "de må også dø, og deres levetid er endogså kortere end vor. Vi kan blive tre hundrede år, men når vi så hører op at være til her, bliver vi kun skum på vandet, har ikke engang en grav hernede mellem vore kære. Vi har ingen udødelig sjæl, vi får aldrig liv mere, vi er ligesom det grønne siv, er det engang skåret over, kan det ikke grønnes igen! Menneskene derimod har en sjæl, som lever altid, lever, efter at legemet er blevet jord; den stiger op igennem den klare luft, op til alle de skinnende stjerner! ligesom vi dykker op af havet og ser menneskenes lande, således dykker de op til ubekendte dejlige steder, dem vi aldrig får at se."

"Hvorfor fik vi ingen udødelig sjæl?" sagde den lille havfrue bedrøvet, "jeg ville give alle mine tre hundrede år, jeg har at leve i, for blot én dag at være et menneske og siden få del i den himmelske verden!"

"Det må du ikke gå og tænke på!" sagde den gamle, "vi har det meget lykkeligere og bedre, end menneskene deroppe!"

"Jeg skal altså dø og flyde som skum på søen, ikke høre bølgernes musik, se de dejlige blomster og den røde sol! Kan jeg da slet intet gøre, for at vinde en evig sjæl!"

"No," said the old queen-dowager. "Only if a man came to love you so much that you were more to him than his father or mother, if he clung to you with all his heart and all his love, and let the parson put his right hand into yours with a promise to be faithful to you here and for all eternity, then his soul would flow into your body, and you would also partake of the happiness of mankind. He would give you his soul and still retain his own. But that can never happen. What we here in the sea consider most beautiful, our fish's tail, they would consider ugly upon earth. Poor people! They do not understand any better. Up there you must have two clumsy supports which they call legs to be considered beautiful."

Then the little mermaid sighed, and looked sadly at her fish's tail.

"Let us be satisfied with our lot," said the old lady; "we will frisk and leap about during the three hundred years we have to live in. That is surely long enough. After that one can rest all the more contentedly in one's grave. This evening we are going to have a court ball."

No such display of splendor has ever been witnessed on earth. The walls and ceiling in the large ball-room were of thick but transparent glass. Several hundreds of colossal mussel -shells, pink and grass-green, were placed in rows on each side, with blue fires, which lighted up the whole hall and shone through the walls, so that the sea outside was quite lit up. One could see all the innumerable fishes, great and small, swimming up to the glass walls. On some the scales shone in purple, and on others they appeared to be silver and gold.

Through the middle of the hall flowed a broad stream, in which the mermen and mermaids danced to their own song. Such beautiful voices the inhabitants of the earth never possessed. The little mermaid sang the most beautifully of all, and they clapped their hands to her, and for a moment she felt joyful at heart, for she knew that she had the loveliest voice of any to be found on earth or in the sea. But soon she began again to think of the world above. She could not forget the handsome prince, and her sorrow at not possessing an immortal soul like his. She therefore stole out of her father's palace, and while everybody was merry and singing she sat sad at heart in her little garden. Suddenly she heard the sound of a bugle through the water, and she thought to herself, "Now he is out sailing—he whom I love more than father and mother, he to whom my thoughts cling, and in whose hands I would place the happiness of my life. I will risk everything to win him and an immortal soul. While my sisters are dancing in my father's palace I will go to the sea witch, of whom I have always been so frightened. She may advise and help me."

The little mermaid then went out of her garden toward the roaring whirlpools behind which the witch lived. She had never been that way before. Neither flowers nor seaweed grew there.

"Nej!" sagde den gamle, "kun når et menneske fik dig så kær, at du var ham mere, end fader og moder; når han med hele sin tanke og kærlighed hang ved dig, og lod præsten lægge sin højre hånd i din med løfte om troskab her og i al evighed, da fløw hans sjæl over i dit legeme og du fik også del i menneskenes lykke. Han gav dig sjæl og beholdt dog sin egen. Men det kan aldrig ske! Hvad der just er dejligt her i havet, din fiskehale, finder de hæsligt deroppe på jorden, de forstår sig nu ikke bedre på det, man må dér have to klodsede støtter, som de kalder ben, for at være smuk!"

Da sukkede den lille havfrue og så bedrøvet på sin fiskehale.

"Lad os være fornøjede," sagde den gamle, "hoppe og springe vil vi i de tre hundrede år, vi har at leve i, det er såmænd en god tid nok, siden kan man des fornøjeligere hvile sig ud i sin grav. I aften skal vi have hofbal!"

Det var også en pragt, som man aldrig ser den på jorden. Vægge og loft i den store dansesal var af tykt men klart glas. Flere hundrede kolossale muslingeskaller, rosenrøde og græsgrønne, stod i rækker på hver side med en blå brændende ild, som oplyste den hele sal og skinnede ud gennem væggene, så at søen der udenfor var ganske oplyst; man kunne se alle de utallige fisk, store og små, som svømmede hen imod glasmuren, på nogle skinnede skællene purpurrøde, på andre syntes de sølv og guld.

Midt igennem salen fløj en bred rindende strøm, og på denne dansede havmænd og havfruer til deres egen dejlige sang. Så smukke stemmer har ikke menneskene på jorden. Den lille havfrue sang skønnest af dem alle, og de klappede i hænderne for hende, og et øjeblik følte hun glæde i sit hjerte, thi hun vidste, at hun havde den skønneste stemme af alle på jorden og i havet! Men snart kom hun dog igen til at tænke på verden oven over sig; hun kunne ikke glemme den smukke prins og sin sorg over ikke at eje, som han, en udødelig sjæl. Derfor sneg hun sig ud af sin faders slot, og mens alt derinde var sang og ly- stighed, sad hun bedrøvet i sin lille have. Da hørte hun valdhorn klinge ned igennem vandet, og hun tænkte, "nu sejler han vist deroppe, ham som jeg holder mere af end fader og moder, ham som min tanke hænger ved og i hvis hånd jeg ville lægge mit livs lykke. Alt vil jeg vove for at vinde ham og en udødelig sjæl! Mens mine søstre danser derinde i min faders slot, vil jeg gå til havheksen, hende jeg altid har været så angst for, men hun kan måske råde og hjælpe!"

Nu gik den lille havfrue ud af sin have hen imod de brusende malstrømme, bag hvilke heksen boede. Den vej havde hun aldrig før gået, der voksede ingen blomster, intet søgræs.

Only the bare, gray sandy bottom could be seen stretching away to the whirlpools where the water whirled round like roaring mill-wheels, tearing everything they got hold of down with them into the abyss below. She had to make her way through these roaring whirlpools to get into the sea witch's district, and for a long distance there was no other way than over hot, bubbling mud, which the witch called her turf-moor. Behind it lay her house, in the middle of a weird forest. All trees and bushes were polyps, half animal, half plant. They looked like hundred-headed snakes growing out of the ground. All the branches were long slimy arms with fingers like wiry worms, and they moved, joint by joint, from the root to the outermost point. They twisted themselves firmly around everything they could seize hold of in the sea, and never released their grip.

The little mermaid stood quite frightened before all this, her heart beat with fear, and she was nearly turning back, but then she thought of the prince and man's immortal soul, and this gave her courage. She twisted her long, flowing hair tightly round her head, so that the polyps should not seize her by it, crossed both her hands on her breast, and then darted forward as rapidly as fish can shoot through the water, in between the polyps, which stretched out their wiry arms and fingers after her. She noticed how they all held something which they had seized—held with a hundred little arms as if with iron bands.

* * *

Kun den nøgne grå sandbund strakte sig hen imod malstrømmene, hvor vandet, som brusende møllehjul, hvirvlede rundt og rev alt, hvad de fik fat på, med sig ned i dybet; midt imellem disse knusende hvirvler måtte hun gå, for at komme ind på havheksens distrikt, og her var et langt stykke ikke anden vej, end over varmt boblende dynd, det kaldte heksen sin tørvemose. Bag ved lå hendes hus midt inde i en sælsom skov. Alle træer og buske var polypper, halv dyr og halv plante, de så ud, som hundredhovedede slanger, der voksede ud af jorden; alle grene var lange slimede arme, med fingre som smidige orme, og led for led bevægede de sig fra roden til den yderste spidse. Alt hvad de i havet kunne gribe fat på, snoede de sig fast om og gav aldrig mere slip på.

Den lille havfrue blev ganske forskrækket stående der udenfor; hendes hjerte bankede af angst, nær havde hun vendt om, men så tænkte hun på prinsen og på menneskets sjæl, og da fik hun mod. Sit lange flagrende hår bandt hun fast om hovedet, for at polypperne ikke skulle gribe hende deri, begge hænder lagde hun sammen over sit bryst, og fløj så af sted, som fisken kan flyve gennem vandet, ind imellem de hæslige polypper, der strakte deres smidige arme og fingre efter hende.

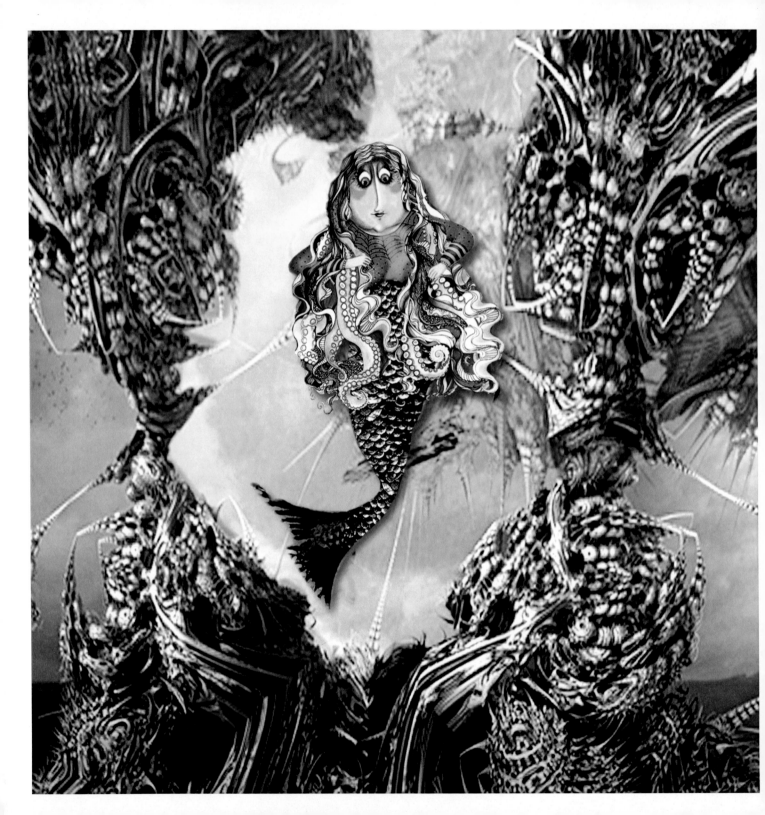

The white skeletons of people who had perished at sea and sunk to the bottom could be seen firmly fixed in the arms of the polyps, together with ships' rudders and sea chests, skeletons of land animals, and a little mermaid whom they had caught and strangled. This was the most terrible sight of all to her.

She now came to a large slimy place in the forest, where great fat water snakes were rolling about, showing their ugly whitish-yellow bellies. In the middle of the open space stood a house built of the white bones of the people who had been wrecked. There the sea witch was sitting, while a toad was eating out of her mouth, just as a human being lets a little canary bird eat sugar from his mouth. The ugly, fat water snakes she called her little chickens, and allowed them to crawl all over her bosom.

"I know what you want," said the witch; "it is very stupid of you. But you shall have your way, for it is sure to bring you unhappiness, my pretty princess. You want to get rid of your fish's tail and to have two stumps instead to walk upon, like human beings, so that the young prince may fall in love with you, and that you may get him and an immortal soul."

* * *

Hun så, hvor hver af dem havde noget, den havde grebet, hundrede små arme holdt det, som stærke jernbånd. Mennesker, som var omkommet på søen og sunket dybt derned, tittede, som hvide benrade frem i polyppernes arme. Skibsror og kister holdt de fast, skeletter af landdyr og en lille havfrue, som de havde fanget og kvalt, det var hende næsten det forskrækkeligste.

Nu kom hun til en stor slimet plads i skoven, hvor store, fede vandsnoge boltrede sig og viste deres stygge hvidgule bug. Midt på pladsen var rejst et hus af strandede menneskers hvide ben, der sad havheksen og lod en skrubtudse spise af sin mund, ligesom menneskene lader en lille kanariefugl spise sukker. De hæslige fede vandsnoge kaldte hun sine små kyllinger og lod dem vælte sig på hendes store, svampede bryst.

"Jeg ved nok, hvad du vil!" sagde havheksen, "det er dumt gjort af dig! alligevel skal du få din vilje, for den vil bringe dig i ulykke, min dejlige prinsesse. Du vil gerne af med din fiskehale og i stedet for den have to stumper at gå på ligesom menneskene, for at den unge prins kan blive forlibt i dig og du kan få ham og en udødelig sjæl!"

And then the witch laughed so loudly and horribly that the toad and the snakes fell down to the ground, where they rolled about.

"You come only just in time," said the witch, "for after sunrise tomorrow I should not be able to help you till another year had passed. I will make a drink for you, with which you must proceed to land before the sun rises, and then sit down on the shore and drink it, when your tail will be parted in two and shrink to what human beings call pretty legs; but it will cause you great pain—you will feel as if a sharp sword went through you. Every one who sees you will say you are the most beautiful human child they have seen. You will keep your graceful walk, no dancer will be able to float about like you; but at every step you take you will feel as if you stepped on a sharp knife, and as if your blood must flow. If you will suffer all this, I will help you."

"Yes," said the little mermaid, in a trembling voice, thinking only of the prince and of winning an immortal soul.

"But remember," said the witch, "when once you have assumed the human form, you can never become a mermaid again."

* * *

I det samme lo heksen så højt og fælt, at skrubtudsen og snogene faldt ned på jorden og væltede sig der. "Du kommer netop i rette tid," sagde heksen, "i morgen, når sol står op, kunne jeg ikke hjælpe dig, før igen et år var omme. Jeg skal lave dig en drik, med den skal du, før sol står op, svømme til landet, sætte dig på bredden der og drikke den, da skilles din hale ad og snerper ind til hvad menneskene kalde nydelige ben, men det gør ondt, det er som det skarpe sværd gik igennem dig. Alle, som ser dig, vil sige, du er det dejligste menneskebarn de har set! du beholder din svævende gang, ingen danserinde kan svæve som du, men hvert skridt du gør, er som om du trådte på en skarp kniv, så dit blod må flyde. Vil du lide alt dette, så skal jeg hjælpe dig?"

"Ja!" sagde den lille havfrue med bævende stemme, og tænkte på prinsen og på at vinde en udødelig sjæl.

"Men husk på," sagde heksen, "når du først har fået menneskelig skikkelse, da kan du aldrig mere blive en havfrue igen!"

"You will never be able to descend through the water to your sisters, or to your father's palace, and if you do not win the prince's love so that he forgets his father and mother for your sake and clings to you with all his heart, and lets the parson join your hands making you man and wife, then you will not receive an immortal soul. The first morning after he has married another your heart will break, and you will become foam on the water."

"I will do it," said the little mermaid, and turned as pale as death.

"But you will have to pay me as well," said the witch; "and it is not a trifle I ask. You have the loveliest voice of all down here at the bottom of the sea, and with that you think of course you will be able to enchant him, but that voice you must give to me. I will have the best thing you possess for my precious draught. I shall have to give you my own blood in it, so that the draught may become as sharp as a double-edged sword."

"But if you take away my voice," said the little mermaid, "what have I then left?"

"Your beautiful form," said the witch, "your graceful walk, and your expressive eyes. With these you can surely infatuate a human heart. Put out your little tongue and I will cut it off as my payment, and you shall then have the powerful draught."

"So be it," said the little mermaid; and the witch put the caldron on the fire to boil the magic draught.

"Cleanliness is a virtue!" she said, and took the snakes and tied them in a knot to scour out the caldron with. She then slashed her chest and let her black blood drop into the caldron. The steam formed itself into the most fantastic figures, so that one could not help being frightened and scared. Every moment the witch threw some new ingredients into the caldron, and when it began to boil it sounded like the weeping of a crocodile. At last the draught was ready, and it looked like the purest water.

"There it is," said the witch, and cut off the little mermaid's tongue. She was now dumb, and could neither sing nor speak.

"If the polyps should get hold of you when you pass through my forest," said the witch, "then throw just a single drop of this draught over them, and their arms and fingers will be rent in a thousand pieces."

But there was no need for the little mermaid to do so, for the polyps drew back from her in fear when they saw the sparkling draught which shone in her hand as if it were a glittering star. Thus she quickly got through the forest, the marsh, and the roaring whirlpools.

She could see her father's palace. The lights in the great ball-room were extinguished. All were now, no doubt, asleep; but she did not venture to go with them now that she was dumb and was going away from them forever. It seemed as if her heart would break with sorrow.

"Du kan aldrig stige ned igennem vandet til dine søstre og til din faders slot, og vinder du ikke prinsens kærlighed, så han for dig glemmer fader og moder, hænger ved dig med sin hele tanke og lader præsten lægge eders hænder i hinanden, så at I bliver mand og kone, da får du ingen udødelig sjæl! den første morgen efter at han er gift med en anden, da må dit hjerte briste, og du bliver skum på vandet."

"Jeg vil det!" sagde den lille havfrue og var bleg, som en død.

"Men mig må du også betale!" sagde heksen, "og det er ikke lidet, hvad jeg forlanger. Du har den dejligste stemme af alle hernede på havets bund, med den tror du nok at skulle fortrylle ham, men den stemme skal du give mig. Det bedste du ejer vil jeg have for min kostelige drik! mit eget blod må jeg jo give dig deri, at drikken kan blive skarp, som et tveægget sværd!"

"Men når du tager min stemme," sagde den lille havfrue, "hvad beholder jeg da tilbage?"

"Din dejlige skikkelse," sagde heksen, "din svævende gang og dine talende øjne, med dem kan du nok bedåre et menneskehjerte. Nå, har du tabt modet! ræk frem din lille tunge, så skærer jeg den af, i betaling, og du skal få den kraftige drik!"

"Det ske!" sagde den lille havfrue, og heksen satte sin kedel på, for at koge trolddrikken.

"Renlighed er en god ting!" sagde hun og skurede kedlen af med snogene, som hun bandt i knude; nu ridsede hun sig selv i brystet og lod sit sorte blod dryppe derned, Dampen gjorde de forunderligste skikkelser, så man måtte blive angst og bange. Hvert øjeblik kom heksen nye ting i kedlen, og da det ret kogte, var det, som når krokodillen græder. Til sidst var drikken færdig, den så ud som det klareste vand!

"Der har du den!" sagde heksen og skar tungen af den lille havfrue, som nu var stum, kunne hverken synge eller tale.

"Dersom polypperne skulle gribe dig, når du går tilbage igennem min skov," sagde heksen, "så kast kun en eneste dråbe af denne drik på dem, da springer deres arme og fingre i tusinde stykker!"

Men det behøvede den lille havfrue ikke, Polypperne trak sig forskrækkede tilbage for hende, da de så den skinnende drik, der lyste i hendes hånd, ligesom det var en funklende stjerne. Således kom hun snart igennem skoven, mosen og de brusende malstrømme.

Hun kunne se sin faders slot; blussene var slukket i den store dansesal; de sov vist alle derinde, men hun vovede dog ikke at søge dem, nu hun var stum og ville for altid gå bort fra dem. Det var, som hendes hjerte skulle gå itu af sorg.

The sun had not yet risen when she saw the prince's palace and arrived at the magnificent marble steps, but the moon was shining bright and clear. The little mermaid drank the strong and fiery draught; she felt as if a two-edged sword went through her delicate frame; she fell down in a swoon, and lay like one dead. When the sun began to shine across the waters she came to herself and felt a burning pain.

But right in front of her stood the handsome young prince. He looked at her so fixedly with his coal-black eyes that she cast down her own, and then discovered that her fish's tail had vanished, and that she had the prettiest little white feet that any young girl could possess. But she was quite unclothed, and she therefore wrapped herself in her long, luxuriant hair. The prince asked her who she was, and how she got there; and she looked at him so mildly and yet so sadly with her dark blue eyes, for speak she could not. He then took her by the hand and led her into the palace. As the witch had told her, each step she made was as if she was treading on the points of awls and sharp knives; but she bore it gladly. Holding the prince's hand, she walked as lightly as a soap-bubble, and he and all the people at court were surprised at her graceful walk.

* * *

Hun sneg sig ind i haven, tog én blomst af hver af sine søstres blomsterbed, kastede med fingeren tusinde kys hen imod slottet og steg op igennem den mørkeblå sø.

Solen var endnu ikke kommet frem, da hun så prinsens slot og besteg den prægtige marmortrappe. Månen skinnede dejligt klart. Den lille havfrue drak den brændende skarpe drik, og det var, som gik et tveægget sværd igennem hendes fine legeme, hun besvimede derved og lå, som død. Da solen skinnede hen over søen, vågnede hun op, og hun følte en svidende smerte, men lige for hende stod den dejlige unge prins, han fæstede sine kulsorte øjne på hende, så hun slog sine ned og så, at hendes fiskehale var borte, og at hun havde de nydeligste små, hvide ben, nogen lille pige kunne have, men hun var ganske nøgen, derfor svøbte hun sig ind i sit store, lange hår. Prinsen spurgte, hvem hun var, og hvorledes hun var kommet her, og hun så mildt og dog så bedrøvet på ham med sine mørkeblå øjne, tale kunne hun jo ikke. Da tog han hende ved hånden og førte hende ind i slottet. Hvert skridt hun gjorde, var, som heksen havde sagt hende forud, som om hun trådte på spidse syle og skarpe knive, men det tålte hun gerne; ved prinsens hånd steg hun så let, som en boble, og han og alle undrede sig over hendes yndige, svævende gang.

35

Costly clothes of silk and muslin were now brought to her, in which she arrayed herself. She was the most beautiful of all in the palace, but she was dumb, and could neither sing nor speak. Lovely female slaves, dressed in silk and gold, appeared and sang before the prince and his royal parents. One of them sang more beautifully than all the others, and the prince clapped his hands and smiled at her. The little mermaid thought to herself: "Oh, if he could only know that I have given away my voice forever to be near him!"

The slaves now began dancing graceful aerial dances to the loveliest music. Then the little mermaid lifted up her lovely white arms, raised herself on the tips of her toes, and glided over the door, dancing as no one yet had danced. At each movement her beauty became more apparent, and her eyes spoke more deeply to the heart than the song of the slave girls. All were delighted with her, especially the prince, who called her his little foundling; and she went on dancing more and more, although each time her feet touched the ground she felt as if she were treading on sharp knives.

The prince had a male costume made for her, so that she could accompany him on horseback. They rode through the fragrant forests and climbed the lofty mountains; and although her tender feet bled so that the others could see it, she only laughed.

* * *

Kostelige klæder af silke og musselin fik hun på, i slottet var hun den skønneste af alle, men hun var stum, kunne hverken synge eller tale. Dejlige slavinder, klædte i silke og guld, kom frem og sang for prinsen og hans kongelige forældre; en sang smukkere end alle de andre og prinsen klappede i hænderne og smilede til hende, da blev den lille havfrue bedrøvet, hun vidste, at hun selv havde sunget langt smukkere! hun tænkte, "Oh han skulle bare vide, at jeg, for at være hos ham, har givet min stemme bort i al evighed!"

Nu dansede slavinderne i yndige svævende danse til den herligste musik, da hævede den lille havfrue sine smukke hvide arme, rejste sig på tåspidsen og svævede hen over gulvet, dansede, som endnu ingen havde danset; ved hver bevægelse blev hendes dejlighed endnu mere synlig, og hendes øjne talte dybere til hjertet, end slavindernes sang. Alle var henrykte derover, især prinsen, som kaldte hende sit lille hittebarn, og hun dansede mere og mere, skønt hver gang hendes fod rørte jorden, var det, som om hun trådte på skarpe knive.

Prinsen lod hende sy en mandsdragt, for at hun til hest kunne følge ham. De red gennem de duftende skove, hvor de grønne grene slog hende på skulderen og de små fugle sang bag friske blade.

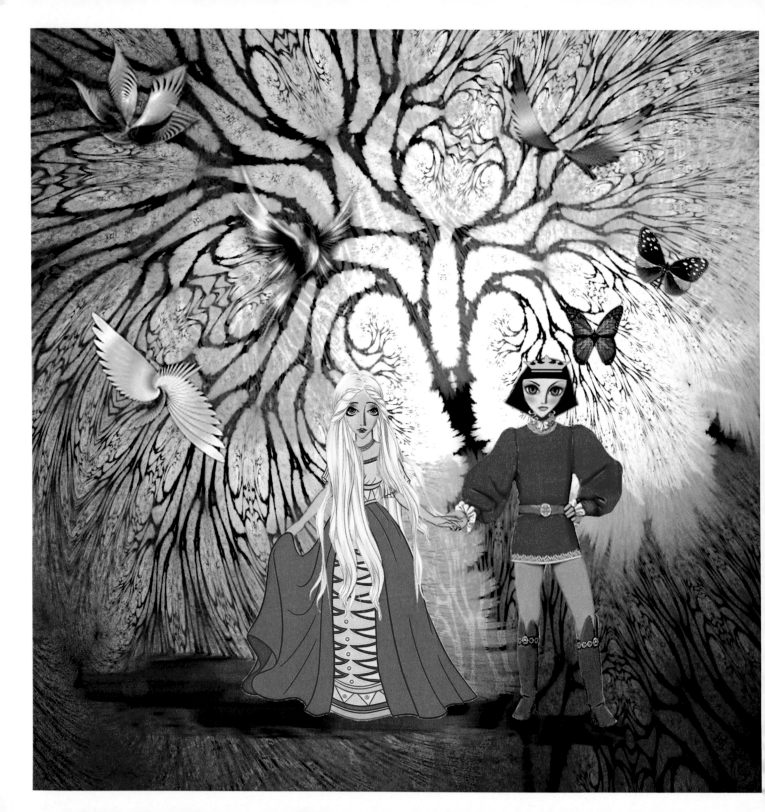

At night, when all the others at the prince's palace slept, she went down to the broad marble steps, where it cooled her burning feet to stand in the cold sea-water, while she thought of all dear to her far down in the deep.

One night her sisters came arm in arm, singing most mournfully as they glided over the water. She beckoned to them, and they recognized her, and told her how sad she had made them all. After that they visited her every night; and one night she saw far away her old grandmother, who had not been to the surface for many years, and the sea king with his crown on his head. They stretched out their hands toward her, but did not venture so near land as her sisters.

Day by day the prince became fonder of her. He loved her as one loves a good, dear child, but he never thought of making her his queen. She would have to become his wife, otherwise she would not receive an immortal soul, and would be turned into froth on the sea on the morning of his wedding-day.

"Do you not love me most of them all?" the eyes of the little mermaid seemed to say when he took her in his arms and kissed her beautiful forehead.

* * *

Hjemme på prinsens slot, når om natten de andre sov, gik hun ud på den brede marmortrappe, og det kølede hendes brændende fødder, at stå i det kolde søvand, og da tænkte hun på dem dernede i dybet.

En nat kom hendes søstre arm i arm, de sang så sorrigfuldt, idet de svømmede over vandet, og hun vinkede af dem, og de kendte hende og fortalte, hvor bedrøvet hun havde gjort dem alle sammen. Hver nat besøgte de hende siden, og en nat så hun, langt ude, den gamle bedstemoder, som i mange år ikke havde været over havet, og havkongen, med sin krone på hovedet, de strakte hænderne hen mod hende, men vovede sig ikke så nær landet, som søstrene.

Dag for dag blev hun prinsen kærere, han holdt af hende, som man kan holde af et godt, kært barn, men at gøre hende til sin dronning, faldt ham slet ikke ind, og hans kone måtte hun blive, ellers fik hun ingen udødelig sjæl, men ville på hans bryllupsmorgen blive skum på søen.

"Holder du ikke mest af mig, blandt dem alle sammen!" syntes den lille havfrues øjne at sige, når han tog hende i sine arme og kyssede hendes smukke pande.

"Yes, you are most dear to me," said the prince, "for you have the best heart of all of them. You are the most devoted to me, and you are like a young girl whom I once saw, but whom I fear I shall never find again. I was on board a ship which was wrecked, and the waves washed me ashore close to a holy temple, where several young maidens were in attendance. The youngest of them found me on the shore and saved my life. I saw her only twice. She was the only one I could love in the world; but you are like her, and you have almost driven her image out of my mind. She belongs to the holy temple, and therefore my good fortune has sent you to me. We shall never part."

"Alas! He does not know that I saved his life," thought the little mermaid. "I carried him across the sea to the forest where the temple stands. I sat behind the foam and watched for some one to come. I saw the beautiful maiden whom he loves more than me." And the mermaid sighed deeply, since she could not cry. "The maiden belongs to the holy temple, he told me. She will never come out into the world. They do not see each other any more. I am with him, and see him every day. I will cherish him, love him, and give my life for him."

But then she heard that the prince was to be married to the beautiful daughter of the neighboring king, and that was the reason he was fitting out such a splendid ship. The prince was going to visit the countries of the neighboring king, it was said; but it was to see the king's daughter, and he was going to have a great suite with him. But the little mermaid shook her head and smiled. She knew the prince's thoughts better than all the others.

"I must go," he had said to her. "I must see the beautiful princess. My parents demand it; but they will not compel me to bring her home as my bride. I cannot love her. She is not like the beautiful girl in the temple, whom you are so like. If, some day, I were to choose a bride, I would rather choose you, my dumb foundling with the eloquent eyes." And he kissed her rosy lips, played with her long hair, and laid his head on her heart, while she dreamed of human happiness and an immortal soul.

"You are not afraid of the sea, my dumb child," said he, as they stood on board the noble ship which was to carry him to the country of the neighboring king; and he told her about storms and calms, about strange fishes in the deep, and what the divers had seen there; and she smiled at his stories, for she knew, of course, more than anyone else about the wonders of the deep.

In the moonlight night, when all were asleep except the steersman who stood at the helm, she sat on the gunwale of the ship, looking down into the clear water. She thought she saw her father's palace, and in the uppermost part of it her old grandmother, with the silver crown on her head, gazing up through the turbulent current caused by the keel of the ship.

"Jo, du er mig kærest," sagde prinsen, "thi du har det bedste hjerte af dem alle, du er mig mest hengiven, og du ligner en ung pige jeg engang så, men vistnok aldrig mere finder. Jeg var på et skib, som strandede, bølgerne drev mig i land ved et helligt tempel, hvor flere unge piger gjorde tjeneste, den yngste der fandt mig ved strandbredden og reddede mit liv, jeg så hende kun to gange; hun var den eneste, jeg kunne elske i denne verden, men du ligner hende, du næsten fortrænger hendes billede i min sjæl, hun hører det hellige tempel til, og derfor har min gode lykke sendt mig dig, aldrig vil vi skilles!"

"Ak, han ved ikke, at jeg har reddet hans liv!" tænkte den lille havfrue, "jeg bar ham over søen hen til skoven, hvor templet står, jeg sad bag skummet og så efter, om ingen mennesker ville komme. Jeg så den smukke pige, som han holder mere af, end mig!" og havfruen sukkede dybt, græde kunne hun ikke. "Pigen hører det hellige tempel til, har han sagt, hun kommer aldrig ud i verden, de mødes ikke mere, jeg er hos ham, ser ham hver dag, jeg vil pleje ham, elske ham, ofre ham mit liv!"

Men nu skal prinsen giftes og have nabokongens dejlige datter! fortalte man, derfor er det, at han udruster så prægtigt et skib. Prinsen rejser for at se nabokongens lande, hedder det nok, men det er for at se nabokongens datter, et stort følge skal han have med; men den lille havfrue rystede med hovedet og lo; hun kendte prinsens tanker meget bedre, end alle de andre.

"Jeg må rejse!" havde han sagt til hende, "jeg må se den smukke prinsesse, mine forældre forlange det, men tvinge mig til at føre hende her hjem, som min brud, vil de ikke! jeg kan ikke elske hende! hun ligner ikke den smukke pige i templet, som du ligner, skulle jeg engang vælge en brud, så blev det snarere dig, mit stumme hittebarn med de talende øjne!" og han kyssede hendes røde mund, legede med hendes lange hår og lagde sit hoved ved hendes hjerte, så det drømte om menneskelykke og en udødelig sjæl.

"Du er dog ikke bange for havet, mit stumme barn!" sagde han, da de stod på det prægtige skib, som skulle føre ham til nabokongens lande; og han fortalte hende om storm og havblik, om sælsomme fisk i dybet og hvad dykkeren der havde set, og hun smilede ved hans fortælling, hun vidste jo bedre, end nogen anden, besked om havets bund.

I den måneklare nat, når de alle sov, på styrmanden nær, som stod ved roret, sad hun ved rælingen af skibet og stirrede ned igennem det klare vand, og hun syntes at se sin faders slot, øverst deroppe stod den gamle bedstemoder med sølvkronen på hovedet og stirrede op igennem de stride strømme mod skibets køl.

Just then her sisters came up to the surface, staring sorrowfully at her and wringing their white hands. She beckoned to them, smiled, and wanted to tell them that she was well and happy, but the ship's boy came up to her, and the sisters dived down, so that he remained in the belief that the white objects he had seen were the foam on the sea.

The following morning the ship sailed into the harbor of the beautiful city of the neighboring king. All the church bells were ringing, and from the lofty towers trumpets were being blown, while the soldiers were standing with flying colors and glittering bayonets. Every day there was a festival. Balls and parties followed one another; but the princess had not as yet appeared. She was being brought up at a holy temple far away, they said, where she learned every royal virtue. At last she came.

The little mermaid was very anxious to see her beauty, and she had to acknowledge that a more beautiful being she had never seen. Her skin was so fine and clear, and from behind her long dark eyelashes shone a pair of dark blue, faithful eyes.

"It is you," said the prince—"you who saved my life when I lay like a corpse on the shore." And he folded his blushing bride in his arms.

"Oh, I am far too happy!" he said to the little mermaid. "My highest wish, that which I never dared to hope for, has been fulfilled. You will rejoice at my happiness, for you love me more than all of them."

And the little mermaid kissed his hand, and felt already as if her heart were breaking. His wedding morning would bring death to her, and change her into foam on the sea.

All the church bells were ringing, and heralds rode about the streets proclaiming the betrothal. On all the altars fragrant oil was burning in costly silver lamps. The priests swung jars with incense, and the bride and bridegroom joined hands and received the blessing of the bishop. The little mermaid stood dressed in silk and gold, holding the bride's train, but her ears did not hear the festive music, and her eyes did not see the holy ceremony. She was thinking only of the approaching night, which meant death to her, and of all she had lost in this world.

The very same evening the bride and the bridegroom went on board the ship, the cannons roared, all the flags were waving, and in the middle of the deck a royal tent of purple and gold, with the most sumptuous couches, had been erected. There should the bridal pair rest during the quiet, cool night.

The sails swelled in the wind, and the ship glided smoothly and almost motionless over the bright sea.

Da kom hendes søstre op over vandet, de stirrede sorrigfuldt på hende og vred deres hvide hænder, hun vinkede ad dem, smilede og ville fortælle, at alt gik hende godt og lykkeligt, men skibsdrengen nærmede sig hende og søstrene dykkede ned, så han blev i den tro, at det hvide, han havde set, var skum på søen.

Næste morgen sejlede skibet ind i havnen ved nabokongens prægtige stad. Alle kirkeklokker ringede, og fra de høje tårne blev blæst i basuner, mens soldaterne stod med vajende faner og blinkende bajonetter. Hver dag havde en fest. Bal og selskab fulgte på hinanden, men prinsessen var der endnu ikke, hun opdroges langt derfra i et helligt tempel, sagde de, der lærte hun alle kongelige dyder. Endelig indtraf hun.

Den lille havfrue stod begærlig efter at se hendes skønhed, og hun måtte erkende den, en yndigere skikkelse havde hun aldrig set. Huden var så fin og skær, og bag de lange mørke øjenhår smilede et par sortblå trofaste øjne!

"Det er dig!" sagde prinsen, "dig, som har frelst mig, da jeg lå som et lig ved kysten!" og han trykkede sin rødmende brud i sine arme.

"Oh jeg er alt for lykkelig!" sagde han til den lille havfrue. "Det bedste, det jeg aldrig turde håbe, er blevet opfyldt for mig. Du vil glæde dig ved min lykke, thi du holder mest af mig blandt dem alle!"

Og den lille havfrue kyssede hans hånd, og hun syntes alt at føle sit hjerte briste. Hans bryllupsmorgen ville jo give hende døden og forvandle hende til skum på søen.

Alle kirkeklokker ringede, herolderne red om i gaderne og forkyndte trolovelsen. På alle altre brændte duftende olie i kostelige sølvlamper. Præsterne svingede røgelseskar og brud og brudgom rakte hinanden hånden og fik biskoppens velsignelse. Den lille havfrue stod i silke og guld og holdt brudens slæb, men hendes øre hørte ikke den festlige musik, hendes øje så ikke den hellige ceremoni, hun tænkte på sin dødsnat, på alt hvad hun havde tabt i denne verden.

Endnu samme aften gik brud og brudgom ombord på skibet, kanonerne lød, alle flagene vajede, og midt på skibet var rejst et kosteligt telt af guld og purpur og med de dejligste hynder, der skulle brudeparret sove i den stille, kølige nat.

Sejlene svulmede i vinden, og skibet gled let og uden stor bevægelse hen over den klare sø.

When it grew dark gaily colored lanterns were lighted, and the sailors danced merry dances on the deck. The little mermaid could not help thinking of the first time she rose out of the sea and saw the same splendor and merriment, and she joined in the dance, whirling round and round like the swallows when they are pursued. All applauded her. Never before had she danced so charmingly. Her tender feet felt as if they were being pierced by sharp knives, but she did not feel this; her heart suffered from a far more terrible pain. She knew it was the last evening she should see him for whom she had left her relations and her home, for whom she had given up her beautiful voice, and had daily suffered infinite agonies, of which he had no idea. It was the last night she would breathe the same air as he, and see the deep sea and the starlit sky. An eternal night without thoughts and dreams awaited her, who had no soul, who could never gain one. On board the ship the rejoicings and the merriment went on until far beyond midnight. She laughed and danced while the thoughts of death were uppermost in her mind. The prince kissed his lovely bride, and she played with his black locks, and arm in arm they went to rest in the magnificent tent.

* * *

Da det mørknedes, tændtes brogede lamper og søfolkene dansede lystige danse på dækket. Den lille havfrue måtte tænke på den første gang hun dykkede op af havet og så den samme pragt og glæde, og hun hvirvlede sig med i dansen, svævede, som svalen svæver når den forfølges, og alle tiljublede hende beundring, aldrig havde hun danset så herligt; det skar som skarpe knive i de fine fødder, men hun følte det ikke; det skar hende smerteligere i hjertet. Hun vidste, det var den sidste aften hun så ham, for hvem hun havde forladt sin slægt og sit hjem, givet sin dejlige stemme og daglig lidt uendelige kvaler, uden at han havde tanke derom. Det var den sidste nat, hun åndede den samme luft som han, så det dybe hav og den stjerneblå himmel, en evig nat uden tanke og drøm ventede hende, som ej havde sjæl, ej kunne vinde den. Og alt var glæde og lystighed på skibet til langt over midnat, hun lo og dansede med dødstanken i sit hjerte. Prinsen kyssede sin dejlige brud, og hun legede med hans sorte hår, og arm i arm gik de til hvile i det prægtige telt.

Everything then became quiet on the ship, only the steersman was standing at the helm, and the little mermaid laid her white arms on the gunwale and gazed toward the east for the first blush of the morning. The first ray of the sun, she knew, would be her death. Then she saw her sisters rising from the sea. They were as pale as she, and their long, beautiful hair no longer waved in the wind. It had been cut off.

"We have given it to the witch, that she might help you, that you may not die this night. She has given us a knife; here it is. See how sharp it is! Before the sun rises you must plunge it into the prince's heart, and when his warm blood touches your feet they will grow together to a fish's tail, and you will become a mermaid again, and can go down with us into the sea and live your three hundred years before you become the dead salt froth on the sea. Make haste! He or you must die before the sun rises."

* * *

Der blev tyst og stille på skibet, kun styrmanden stod ved roret, den lille havfrue lagde sine hvide arme på rælingen og så mod øst efter morgenrøden, den første solstråle, vidste hun, ville dræbe hende. Da så hun sine søstre stige op af havet, de var blege, som hun; deres lange smukke hår flagrede ikke længere i blæsten, det var afskåret.

"Vi har givet det til heksen, for at hun skulle bringe hjælp, at du ikke denne nat skal dø! Hun har givet os en kniv, her er den! ser du hvor skarp? Før sol står op, må du stikke den i prinsens hjerte, og når da hans varme blod stænker på dine fødder, da vokser de sammen til en fiskehale og du bliver en havfrue igen, kan stige ned i vandet til os og leve dine tre hundrede år, før du bliver det døde, salte søskum. Skynd dig! Han eller du må dø, før sol står op!"

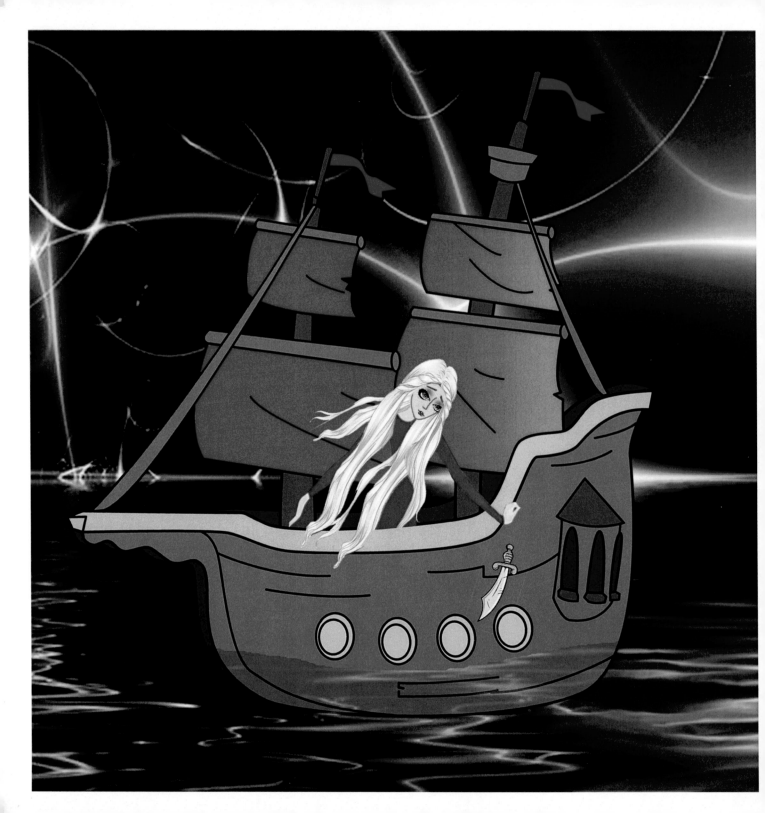

"Our old grandmother is mourning so much for you that her white hair has fallen off, just as ours fell under the scissors of the witch. Kill the prince and come back with us. Make haste! Do you see the red streak on the sky? In a few minutes the sun will rise, and then you must die." And the sisters gave a strange, deep sigh and vanished in the waves.

The little mermaid drew back the purple curtain of the tent, and saw the beautiful bride asleep with her head resting on the prince's breast. She bent down, kissed him on his beautiful forehead, and looked at the sky, where the gleam of the morning was growing brighter and brighter. She glanced at the sharp knife, and again fixed her eyes on the prince, who just then whispered the name of his bride in his dreams. He thought only of her. The knife trembled in the hand of the little mermaid—then she suddenly flung it far away into the waves, which gleamed red where it fell. The bubbles that rose to the surface looked like drops of blood. Once more she looked with dimmed eyes at the prince, and then threw herself from the ship into the sea. She felt her body dissolving itself into foam.

* * *

"Vor gamle bedstemoder sørger, så hendes hvide hår er faldet af, som vort faldt for heksens saks. Dræb prinsen og kom tilbage! Skynd dig, ser du den røde stribe på himlen? Om nogle minutter stiger solen, og da må du dø!" og de udstødte et forunderligt dybt suk og sank i bølgerne.

Den lille havfrue trak purpurtæppet bort fra teltet, og hun så den dejlige brud sove med sit hoved ved prinsens bryst, og hun bøjede sig ned, kyssede ham på hans smukke pande, så på himlen, hvor morgenrøden lyste mere og mere, så på den skarpe kniv og fæstede igen øjnene på prinsen, der i drømme nævnede sin brud ved navn, hun kun var i hans tanker, og kniven sitrede i havfruens hånd, men da kastede hun den langt ud i bølgerne, de skinnede røde, hvor den faldt, det så ud, som piblede der blodsdråber op af vandet. Endnu engang så hun med halvbrustne blik på prinsen, styrtede sig fra skibet ned i havet, og hun følte, hvor hendes legeme opløste sig i skum.

The sun now rose above the horizon, its rays falling so mild and warm on the deadly cold sea foam that the little mermaid did not feel the pangs of death. She saw the bright sun, and above her floated hundreds of beautiful transparent beings, through whom she could see the white sails of the ships and the red clouds in the sky. Their voice was melodious, but so spiritual that no human ear could hear it, just as no human eye could see them. They had no wings, but soared lightly through the air. The little mermaid now discovered that she had a body like theirs, and that she was gradually rising out of the foam.

"Where am I going?" she asked. And her voice sounded like that of the other beings, so spiritual that no earthly music could reproduce it.

"To the daughters of the air," replied the others. "A mermaid has not an immortal soul, and can never gain one unless she wins the love of a man. Her eternal existence depends upon the power of another. Neither have the daughters of the air any immortal soul, but they can win one by their good deeds. We fly to the warm countries, where the close, pestilent air kills human beings. There we waft cool breezes to them. We spread the perfume of the flowers through the air, and distribute health and healing. When for three hundred years we have striven to do all the good we can, we receive an immortal soul, and can share in the eternal happiness of mankind. You, poor little mermaid, have with all your heart striven to reach the same goal as we. You have suffered and endured, and raised yourself to the world of spirits. Now you can, by good deeds, obtain an immortal soul after three hundred years."

And the little mermaid lifted her transparent arms toward the sun, and for the first time she felt tears coming into her eyes.

On the ship there was again life and merriment. She saw the prince with his beautiful bride searching for her. Sorrowfully they looked at the bubbling foam, as if they knew that she had thrown herself into the sea. Invisibly she kissed the bride's forehead. She gave the prince a smile, and rose with the other children of the air on the rosy cloud which sailed through space. "After three hundred years we shall thus float into the kingdom of heaven."

"We may yet get there earlier," whispered one of them. "Invisibly we float into the houses of mankind, where there are children; and for every day on which we find a good child who brings joy to his parents and deserves their love, our time of probation is shortened. The child does not know when we fly through the room, and when we smile with joy at such a good child, then a year is taken off the three hundred. But if we see a bad and wicked child, we must weep tears of sorrow, and for every tear a day is added to our time of trial."

Nu steg solen frem af havet. Strålerne faldt så mildt og varmt på det dødskolde havskum og den lille havfrue følte ikke til døden, hun så den klare sol, og oppe over hende svævede hundrede gennemsigtige, dejlige skabninger; hun kunne gennem dem se skibets hvide sejl og himlens røde skyer, deres stemme var melodi, men så åndig, at intet menneskeligt øre kunne høre den, ligesom intet jordisk øje kunne se dem; uden vinger svævede de ved deres egen lethed gennem luften. Den lille havfrue så, at hun havde et legeme som de, det hævede sig mere og mere op af skummet.

"Til hvem kommer jeg!" sagde hun, og hendes stemme klang som de andre væsners, så åndigt, at ingen jordisk musik kan gengive det.

"Til luftens døtre!" svarede de andre. "Havfruen har ingen udødelig sjæl, kan aldrig få den, uden hun vinder et menneskes kærlighed! Af en fremmed magt afhænger hendes evige tilværelse. Luftens døtre har heller ingen evig sjæl, men de kan selv ved gode handlinger skabe sig en. Vi flyver til de varme lande, hvor den lumre pestluft dræber menneskene; der vifter vi køling. Vi spreder blomsternes duft gennem luften og sender vederkvægelse og lægedom. Når vi i tre hundrede år har stræbt at gøre det gode, vi kan, da får vi en udødelig sjæl og tager del i menneskenes evige lykke. Du stakkels lille havfrue har med hele dit hjerte stræbt efter det samme, som vi, du har lidt og tålt, hævet dig til luftåndernes verden, nu kan du selv gennem gode gerninger skabe dig en udødelig sjæl om tre hundrede år."

Og den lille havfrue løftede sine klare arme op mod Guds sol, og for første gang følte hun tårer. På skibet var igen støj og liv, hun så prinsen med sin smukke brud søge efter hende, vemodig stirrede de på det boblende skum, som om de vidste, hun havde styrtet sig i bølgerne. Usynlig kyssede hun brudens pande, smilede til ham og steg med de andre luftens børn op på den rosenrøde sky, som sejlede i luften.

"Om tre hundrede år svæver vi således ind i Guds rige!"

"Også tidligere kan vi komme der!" hviskede én. "Usynligt svæver vi ind i menneskenes huse, hvor der er børn, og for hver dag vi finder et godt barn, som gør sine forældre glæde og fortjener deres kærlighed, forkorter Gud vor prøvetid. Barnet ved ikke, når vi flyver gennem stuen, og når vi da af glæde smiler over det, da tages et år fra de tre hundrede, men ser vi et uartigt og ondt barn, da må vi græde sorgens gråd, og hver tåre lægger en dag til vor prøvetid!"